LE BIENHEUREUX

GUILLAUME D'ORLYÉ

HONORÉ D'UN CULTE IMMÉMORIAL

DANS LE DIOCÈSE D'ANNECY

PARIS

LIBRAIRIE POUSSIELGUE FRÈRES

RUE CASSETTE, 27

—

1872

PARIS. — IMP. VICTOR GOUPY, RUE GARANCIÈRE, 5.

LE B. GUILLAUME D'ORLYÉ

HONORÉ D'UN CULTE IMMÉMORIAL DANS LE DIOCÈSE
D'ANNECY.

La vie des Ordres religieux étant unie à la vie de
l'Église, ils partagent ses gloires et ses défaites apparentes.
De là, parfois, des siècles d'épanouissement et de triomphe,
succédant à des angoisses de toute sorte.

L'Ordre de saint Dominique, rajeuni par l'épreuve, se
sentit, au XVᵉ siècle, doué d'une fécondité prodigieuse, et
le catalogue des Saints prouve, jusqu'à l'évidence, que ses
premières années peuvent seules être comparées à cette
époque. En effet, la séraphique Vierge sainte Catherine de
Sienne venait de prendre son essor vers son divin Epoux, et
elle laissait son esprit à l'Ordre dont elle se glorifiait d'être
la fille. Un arbre qui produit de tels fruits peut bien être
tourmenté par la tempête, mais en vérité sa séve est loin
d'être appauvrie.

Durant cette période de gloire, la catholique Savoie vou-
lut apporter son tribut à la famille dominicaine. Au XIII
siècle, elle avait donné le B. Galibert d'Aiguebelle, au
XVᵉ siècle, elle offrit le B. Guillaume d'Orlyé, que nous vou-
lons aujourd'hui faire connaître à nos lecteurs.

Dieu, qui choisit ses serviteurs, et dont la Providence préside à ce qu'on appelle à tort le *hasard de la naissance*, donna à notre Bienheureux la noblesse du sang. La noblesse est une qualité que Jésus-Christ a sanctifiée en naissant de race royale, et si elle est rehaussée par la vertu, elle projette aussi sur elle quelques rayons de sa gloire. La famille d'Orlyé avait répandu un vif éclat dans la cité de Berne, lorsque, nous ne savons par quel enchaînement de circonstances, elle dut quitter cette ville et se retirer en Savoie. Au commencement du XVe siècle, le chef de cette illustre famille, nommé Bernard, habitait un manoir dont on voit encore les ruines à Viuz-la-Chiesaz, en Thols. Il avait épousé une noble dame, nommée Guigone, et par elle se trouvait allié aux seigneurs de Menthon.

Dieu bénit l'union de ces pieux époux, et l'un de ses plus signalés bienfaits, fut de leur donner un enfant qui, plus tard, devait porter sur son front l'auréole des saints.

De son côté, la noble dame d'Orlyé devenue mère, comprit toute l'étendue de ses devoirs, et prit un soin particulier d'élever sa famille dans la crainte du Seigneur. Le jeune Guillaume qui, dès son plus bas âge, semblait prédestiné à de grandes choses, fixait toute son attention. Elle sut de bonne heure lui inspirer l'amour de l'innocence et de l'oraison, et, dans son cœur maternel, l'enfant puisa cette tendre dévotion pour Marie, l'un des caractères distinctifs de sa piété, dont les peintures anciennes nous ont laissé un touchant témoignage.

Cependant, le jeune Guillaume grandissait, et devait songer à l'avenir. Le rang de sa famille, ses talents précoces et ses heureuses dispositions lui promettaient dans le monde les plus brillants succès. Il lui fallut donc abandonner le château de son père, quitter sa pieuse mère, objet de ses plus tendres affections et se produire à la cour d'Amédée, duc de Savoie.

Ces princes, déjà puissants, voyaient se grouper autour

d'eux les caractères les plus nobles et les plus chevaleres-
ques. Les palais des grands ont mille séductions qui gagnent
l'esprit, captivent le cœur et trop souvent la vertu y fait un
triste naufrage. Le saint jeune homme l'eut bientôt compris.
Son âme virginale ne respirait plus le parfum d'innocence
qui devait embaumer sa vie tout entière ; son cœur ne ren-
contrait partout que séduction. La voix de Dieu se faisait entendre et l'appelait dans la solitude, le monde, avec ses joies
bruyantes et ses plaisirs trompeurs, était muet pour lui. Pre-
nant alors une résolution généreuse, il abandonna la cour de
Savoie, et regagna la maison paternelle. Il y vécut quelques
années encore, édifiant tout le monde par son humilité, par
sa ferveur, et s'adonnant aux pratiques de la vie chrétienne
de concert avec sa mère, l'inséparable compagne de sa piété.

Cette mère, pour laquelle il avait une rare tendresse,
Dieu lui en demanda pourtant le sacrifice : il fallait rom-
pre les derniers liens qui l'enchaînaient encore au monde.
Guillaume d'Orlyé n'eut plus qu'un désir : se consacrer en-
tièrement à Dieu, et goûter de plus en plus les douceurs
d'une profonde solitude.

Depuis quelques années, les fils de saint Dominique édi-
fiaient la ville d'Annecy par leur doctrine et leurs exemples.
La voix du grand apôtre saint Vincent Ferrier avait retenti
jusqu'au fond des vallées savoisiennes, et les peuples émer-
veillés, avaient demandé des frères et des disciples du grand
Thaumaturge. Cédant à de si pieux désirs, le cardinal de Bro-
gny posait en 1442 la première pierre d'un couvent à Annecy. On vit bientôt s'élever de splendides constructions et
en 1445, la belle église, dédiée à saint Nicolas, devenue
aujourd'hui église paroissiale, sous le titre de Saint-Maurice,
était solennellement consacrée au Seigneur. La cérémonie
fut imposante ; on y vit accourir à la suite du duc Louis, et
de sa cour, une foule immense de gentilshommes et de peuple.

Ce fut peut-être pour Guillaume d'Orlyé l'appel décisif,
car, l'année suivante, il disait au monde un éternel adieu, et

demandait au couvent d'Annecy la paix et le bonheur de la
solitude. Il avait alors quarante-deux ans. Là, nous dit un
ancien auteur : « Il vécut avec tant d'humilité, austérité et
« sainteté, qu'il se rendit admirable et inimitable. » Mais
une force irrésistible attirait son cœur vers les hauteurs des
cieux. Bien souvent son âme, éprise des ineffables grandeurs
de Dieu, semblait abandonner son corps, et alors même qu'il
était le plus occupé dans les laborieuses fonctions de l'apos-
tolat, son esprit angélique ne cessait de converser dans des
régions toutes célestes. Il demanda et obtint de se retirer
dans la solitude, et d'y vaquer seul au sublime exercice de
la contemplation.

Non loin de Viuz-la-Chiesaz, séjour de son enfance, sur le
flanc d'un rocher sauvage, se trouvait un ancien fort nommé le Cengle, dont les ruines abandonnées étaient la de-
meure des oiseaux de proie. Cette retraite suspendue sur
un précipice, placée entre le ciel et la terre, avait pour lui je
ne sais quel charme délicieux. Il s'y retira, et, pendant quelques années, son esprit goûta, par anticipation, les ineffables
suavités du ciel. Sa vie fut tout angélique : se mettant peu
en peine des choses de cette terre, il se nourrissait de raci-
nes et demandait à un torrent les quelques gouttes d'eau né-
cessaires pour étancher sa soif. Il se couvrit d'un cilice, et
mortifiait en outre sa chair par une ceinture de fer d'un poids
énorme qui lui serrait étroitement les reins ; une autre chaîne
de fer retenait ses vêtements ; puis, imitant l'exemple de
son glorieux père saint Dominique, il flagellait son corps et,
chaque jour, offrait à Dieu le tribut de son sang. La nuit entière était consacrée au saint exercice de l'oraison, et parfois,
pendant le jour, il parcourait les campagnes voisines, annon-
çant la parole de Dieu, séchant les larmes des affligés, con-
vertissant les pécheurs. Les fidèles accouraient en foule à son
ermitage et venaient s'édifier de ses exemples, et implorer le
secours de ses prières ; souvent même, ils le trouvaient ab-
sorbé dans une contemplation profonde, élevé au-dessus de

terre, et savourant les douceurs de l'extase. La tradition nous a encore transmis à ce sujet un trait plein de charme et de naïveté. Pendant un carême, le serviteur de Dieu ne s'était point montré, et nul n'avait osé troubler son admirable repos. Pourtant, les habitants d'Allève, désirant entendre sa voix bénie, et craignant aussi peut-être que le ciel ne leur eût déjà ravi ce trésor précieux, se dirigent vers l'ermitage, et trouvent le bienheureux abîmé dans la plus sublime contemplation. Ils l'appellent, et, revenu aux tristes réalités d'ici-bas, il leur dit en toute simplicité qu'il préparait son repas, et se disposait à commencer le lendemain la sainte quarantaine. Pendant un carême entier, la charité divine avait été son unique nourriture, le feu de son pauvre foyer ne s'était point consumé, et les aliments n'avaient souffert aucune altération.

Notre bienheureux vécut ainsi huit années dans cette solitude, s'adonnant tour à tour aux travaux apostoliques et à la plus sublime oraison. Enfin, sachant que son heure dernière était arrivée, il se prosterne à genoux dans l'attitude de la prière, les yeux tournés vers le ciel, et pendant une extase toute remplie d'une indicible suavité, son âme virginale brise les liens qui la tenaient captive, et s'unit à tout jamais à l'objet de ses désirs. C'était le 19 février 1458 ; le bienheureux avait alors cinquante-deux ans. Le jour de ce fortuné trépas fut inscrit sur le calendrier des Frères Prêcheurs d'Annecy.

La glorification du serviteur de Dieu commença immédiatement après sa mort. Les Dominicains se rendirent à l'ermitage de Cengle pour recueillir ses précieux restes, et suivi d'une foule immense, le saint corps fut transporté à Annecy. « Et, dit notre ancien auteur, fut clairement observé un
« insigne miracle fait en sa translation, en ce que les flam-
« beaux qui furent portés, accompagnant son corps, suivant
« la coutume des chrétiens, quoiqu'ils fussent toujours allu-
« més par les chemins, néanmoins ne diminuèrent point. »

« Ses chaînes furent aussi apportées au dict couvent où elles
« sont soigneusement et religieusement conservées dans le
« reliquaire comme un trésor que les pères dudict couvent
« ont estimé très-précieux. »

Les traditions locales rapportent qu'en l'honneur du Bienheureux, les cloches firent spontanément entendre leurs joyeux carillons dans toutes les paroisses que traversait le pieux cortége. Ces prodiges ne furent que le prélude de miracles plus nombreux opérés par l'intercession de Guillaume d'Orlyé. Recueillis avec soin, ils furent consignés dans un volume et ne remplissaient pas moins de 940 pages. La révolution française a détruit ce précieux monument de la piété des fidèles.

Sur son tombeau on éleva un autel surmonté d'une peinture très-ancienne « représentant Notre-Dame tenant son fils
« entre ses bras, et le Bienheureux religieux, à genoux, tête
« nue, mains jointes devant eux, ayant des rayons autour de
« sa tête, et une face grandement humble et mortifiée, qui
« sont marques évidentes d'une grande sainteté, cette façon
« de représenter n'ayant jamais été permise ni tolérée que
« pour ceux qui ont été estimés Bienheureux. » Aussi le peuple accourait en foule implorer le secours du serviteur de Dieu, et, comme témoignage de reconnaissance, on suspendait à la muraille de nombreux ex voto.

L'histoire nous a conservé le récit de plusieurs grâces signalées, obtenues par l'intercession du Bienheureux. Au commencement du XVIIe siècle, une sœur Clarisse d'Annecy, atteinte de douleurs néphrétiques réputées incurables, demande l'une des ceintures de fer d'Orlyé. A peine l'a-t-elle touchée, qu'elle est subitement guérie.

Quelques années après, en 1642, un chirurgien de Thone, affligé de diverses maladies jusqu'alors rebelles à tous les remèdes, fait vœu de se rendre au tombeau de notre Saint ; et aussitôt il est rendu à la santé.

Les chaînes du Bienheureux, instruments de sa glorieuse

pénitence, devenaient une source de grâces. Par leur moyen, les femmes étaient soulagées dans les douleurs de l'enfantement, et un grand nombre obtenaient une heureuse fécondité. En 1679, un écrivain attestait sur la foi de témoins oculaires, que plusieurs possédés tourmentés cruellement, avaient été délivrés par l'attouchement de ces saintes reliques, et nous savons qu'au XVIIIe siècle, la dévotion des peuples ne s'était point attiédie.

Quelques traits de la vie et des miracles du B. Guillaume « tirés de la tradition bien fondée selon la relation des an- « ciens, qui l'avaient déjà appris de leurs prédécesseurs, » ont été recueillis par le P. Portier du couvent d'Annecy. Il les publia en 1643, revêtus de l'approbation suivante du second successeur de S. François de Sales, le pieux évêque de Genève, Just Guérin : « Nous Just Guérin, par la grâce de « Dieu et du Saint-Siége apostolique, évêque et prince de « Genève, ayant vu et lu les anciens titres et papiers qui nous « ont été présentés par le R. P. Portier, vicaire général de « l'Ordre des Frères Prêcheurs, où sont contenus les actes les « plus remarquables du Bienheureux Guillaume d'Orlyé du « dit Ordre et couvent d'Annecy en Genevois, duquel l'abrégé « sus écrit a été fait, nous approuvons tout le contenu en « icelui et permettons être publié et mis en lumière pour « la plus grande gloire de Dieu. »

Mais l'impiété victorieuse voulait effacer de la mémoire des peuples, jusqu'au nom même de Dieu et de ses saints. A la fin du siècle dernier, l'église de Saint-Dominique d'Annecy fut profanée, et, pendant plusieurs années, le service divin dut être suspendu. Bien des témoignages de la piété des fidèles devinrent en cette circonstance la proie des flammes; mais on put soustraire à la destruction les chaînes, source de tant de bienfaits, et quelques précieuses peintures représentant notre Bienheureux. Ces pieux objets sont conservés avec respect à l'église paroissiale de Saint-Maurice d'Annecy.

Les habitants d'Allève surtout ont encore pour Guillaume d'Orlyé une tendre dévotion. Ils ont le bonheur de posséder l'ermitage du Cengle, et ils en font le but de leur pèlerinage. Malgré la difficulté des chemins, ils y vont implorer le secours du serviteur de Dieu, dans toutes les nécessités, et emportent comme une précieuse relique, une pierre de ces ruines sanctifiées par la mort d'un saint.

Espérons que ces faits constatés par une enquête canonique, permettront au Saint-Siége d'approuver solennellement le culte rendu de temps immémorial au B. Guillaume d'Orlyé.

Fr. XAVIER. *Des Fr. Prêch.*

L'Antienne, le Répons et l'Oraison qui suivent ont été publiés en 1643 par le P. Portier, dans son opuscule approuvé par l'évêque de Genève. Ils étaient « tirés des archives du dict couvent d'Annecy. » « Des pèlerins qui venaient de « toutes parts au tombeau du Bienheureux et imploraient sa « protection, les récitaient pour obtenir par les mérites de ce « B. Père, l'effet de leurs demandes. Je les mets ici pour sa- « tisfaire la dévotion des fidèles. »

Antiphona.

O speculum munditiæ, nobilis anachoreta, sanctissime Guillelme, solers Cœnobita, propaginis generosæ, morum atque vitæ, pater sanctimonia.

Responsorium.

Stirps generosæ propaginis es beatissime Guillelme, flosque magnifici germinis, qui ereptus a mundi voragine, effectus es gloria Prædicatorum Ordinis; * Divino fultos juvamine, redde devotos tui nominis.

℣. Qui munditia vitæ, crebrisque signis notesceris convivere in superis. * Divino.

Antienne.

O miroir d'innocence, Bienheureux Guillaume, noble anachorète, vigilant cénobite, par vos vertus et la sainteté de votre vie, vous êtes le père d'une llustre race.

Répons.

O Bienheureux Guillaume, vous êtes la souche d'une illustre race et une fleur épanouie sur une tige glorieuse : arraché au tourbillon de ce monde, vous êtes devenu la gloire de l'Ordre des Frères Prêcheurs. Obtenez le secours divin à ceux qui invoquent votre nom.

℣. Vous dont la pureté de vie et les nombreux miracles sont un témoignage de votre présence au céleste séjour, obtenez le secours divin à ceux qui invoquent votre nom.

Candentis flos pudoris, in virentis stipite corporis, eliminat procul indecoris a juvene ulcus sceleris.

℣. Clamavit et Dominus exaudivit eum.

℟. Et de omnibus tribulationibus liberavit eum.

Oremus.

Omnipotens et misericors Deus, cujus nutu Sanctorum aguntur spiritus, momentaque vitæ nostræ decurrunt, te supplices exoramus ut meritis et intercessione Beati Guillelmi confessoris tui, qui mirandis hic a te gratiis fultus, ampliorique in cœlis nunc gloria cumulatus est, spiritus nostri ad mandatorum tuorum observantiam dirigantur, vita a malis cunctis protegatur, piaque vota compleantur.

Per Dominum, etc.

Fleur d'une éclatante blancheur, éclose sur une chair immaculée, il guérit un adolescen de la lèpre du vice impur.

℣. Il a élevé sa voix vers l Seigneur qui l'a exaucé.

℟. Et le Seigneur l'a délivr de toutes les tribulations.

Oraison.

Dieu tout-puissant et miséricordieux, dont la volonté dirig l'âme des Saints, et règle l cours de notre existence, nou vous supplions par les mérite et l'intercession du Bienheureu Guillaume, soutenu ici-bas pa des grâces admirables, et comblé de gloire dans le ciel, de diriger nos cœurs dans l'obéissance à vos commandements, de préserver notre vie de tout mal, et d'exaucer nos prières, par Notre-Seigneur J.-C. Ainsi soit-il.

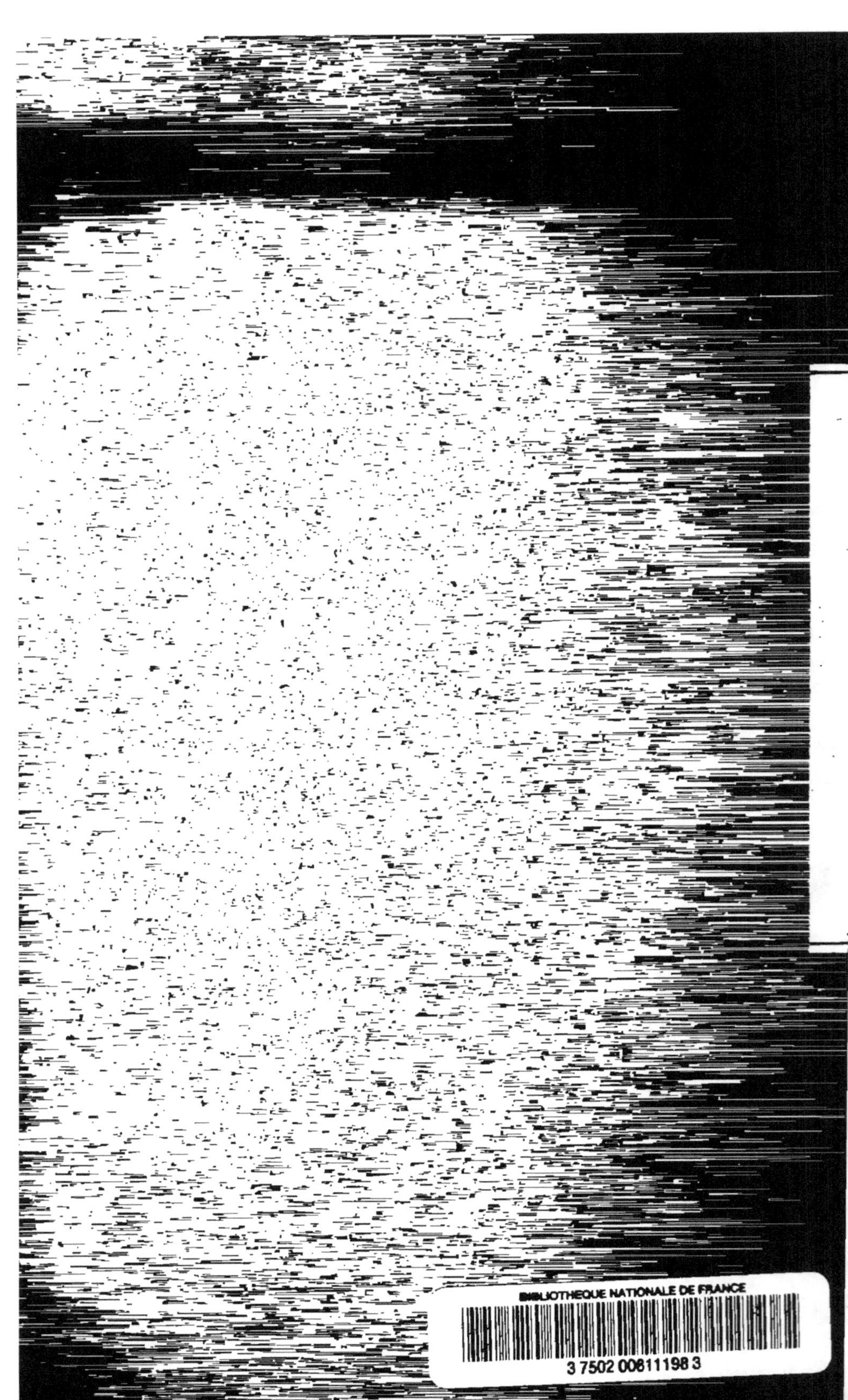

www.ingramcontent.com/pod-product-compliance
Lightning Source LLC
Chambersburg PA
CBHW051309050726
47595CB00008B/3460